La Vaca

Dr. Camilo Cruz

La Vaca

Una historia sobre
cómo deshacernos
del conformismo
y la mediocridad

TALLER DEL EXITO

La Vaca

Editorial Taller del Éxito
1700 NW 65th Ave., Suite 8
Plantation, Florida 33313
Estados Unidos
Teléfonos:
1+(954)3215560
1-800-SI-ÉXITO (7439486)
Fax: 1+(954)3215422
www.tallerdelexito.com
info@tallerdelexito.com

Editorial dedicada a la difusión de libros y audiolibros de desarrollo personal, crecimiento personal, liderazgo y motivación.

ISBN: 1-931059-63-2

Printed in Colombia
Impreso en Colombia

3ª Edición, Enero de 2005

A mi familia, porque con su apoyo
incondicional me ha ayudado a deshacerme
de muchas de mis vacas. Con amor y
paciencia me perdonan las que aún tengo y
me alientan para que continúe en la difícil
tarea de liberarme de todas mis limitaciones.

A todo el equipo del Taller de Éxito,
quienes son los responsables del éxito que
ha tenido esta obra. Más de un cuarto de
millón de personas alrededor el mundo les
agradecen su dedicación y compromiso
para con la hermosa misión de construir
mejores seres humanos.

A todos los lectores que han hecho de
esta obra un bestseller y quienes con sus
historias nos han confirmado el gran futuro
que le espera a todos aquellos que se
decidan a matar sus vacas. Este libro es un
brindis por sus éxitos y por su decisión de
vivir una vida libre de excusas.

Índice

Prólogo

*D*urante casi tres décadas he escrito y hablado sobre el éxito. ¿Qué es? ¿Qué necesitamos para lograrlo? ¿A qué se debe que algunas personas logren alcanzarlo casi sin esfuerzo, mientras que otras no consiguen acercarse a éste a pesar de trabajar arduamente?

Estos años me han enseñado que todos los triunfadores comparten algo en común: Ellos no tienen excusas. No buscan justificar ante los demás por qué las cosas son como son. No se quejan de sus circunstancias ni inventan excusas para explicar por qué no han alcanzado sus metas. Las personas exitosas simplemente entran en acción y se encargan de hacer lo necesario para que las cosas ocurran. Por supuesto que no siempre triunfan al primer intento, pero nunca se dan por vencidos. Si tropiezan, se ponen de pie nuevamente y emprenden con renovado entusiasmo su camino hacia los objetivos que persiguen.

Lo cierto es que el fracaso no es el enemigo del éxito, como muchas personas piensan. Es más, las caídas suelen traer consigo grandes enseñanzas. El verdadero enemigo del éxito es la mediocridad. Aspiramos a la grandeza pero nos contentamos con segundos lugares; queremos vivir nuestra vida al máximo pero terminamos conformándonos con sobrevivir. Encontramos una zona de comodidad, nos acostumbramos a ella y dejamos pasar de largo la oportunidad de disfrutar la mayoría de las cosas hermosas que la vida tiene para ofrecer.

Una de las lecciones que he aprendido con total certeza es que, para lograr resultados espectaculares en nuestra vida, primero tenemos que deshacernos de todas las excusas que no nos permiten utilizar nuestro verdadero potencial.

Como autor, he podido darme cuenta cómo, a largo de los últimos 10 años, hemos entrado en la era de las metáforas. Muchos de los mejores libros de crecimiento personal y profesional de estos tiempos han sido escritos a manera de metáforas; historias que ilustran la importancia de ciertas actitudes que debemos adoptar para tener éxito. Este extraordinario libro de mi amigo, el doctor Camilo Cruz es, sin lugar a duda, una de las mejores metáforas que he leído sobre cómo deshacernos de la mediocridad y el conformismo.

La vaca nos muestra de manera clara y tajante lo que puede suceder si permitimos que nuestra vida sea regida por las excusas. La vaca simboliza toda excusa, hábito, pretexto o justificación que nos impide vivir una

El Dr. Camilo Cruz, en compañía de Mark Victor Hansen,
autor de las famosas series: Sopa de Pollo para el Alma,
en Newport Beach, California.

vida de plenitud. Esta maravillosa historia seguramente cautivará el corazón de sus lectores y los retará a
eliminar estas excusas, o como Camilo lo escribe, a
matar sus vacas.

La verdad es que todos cargamos con más vacas
de las que estamos dispuestos a admitir. Justificaciones con las que buscamos convencernos a nosotros
mismos y a los demás de que las cosas no están tan
mal como parecen. Disculpas que frecuentemente utilizamos para explicar por qué no estamos haciendo lo
que deberíamos hacer. Este libro no sólo te mostrará
lo que te espera cuando finalmente decidas deshacer-

te de estas creencias limitantes, sino que te presenta, paso a paso, una estrategia para vivir una vida donde toda meta es posible.

Camilo está destinado a ejercer una enorme diferencia en el mundo a través de sus obras. La sabiduría, profundidad y perspicacia de sus enseñazas le permite a sus lectores poner en práctica inmediatamente las estrategias que pueden cambiar sus vidas.

Espero que esta metáfora que nos presenta Camilo te ayude a tomar la decisión de desterrar de tu vida el conformismo y vivir una vida libre de vacas. Confío que aceptarás el reto que esta metáfora te plantea y decidirás matar todas las vacas que has cargado sobre tus hombros, de manera que puedas vivir una vida libre de mediocridad, dispuesta a aceptar los logros reservados para aquellas personas que se atreven a soñar en grande.

—*Mark Victor Hansen*

Introducción

*Creo que mi vaca mayor, era que mi vida
se había convertido en una búsqueda
constante de culpables por mis fracasos.
Me había convertido en un experto en
identificar a los responsables por todo
lo malo que ocurría en mi vida. Después de
leer el libro de la vaca entendí que yo soy
el único responsable de lo bueno o lo malo
que me suceda. Estoy seguro que nuestro
continente sería otro sin tanta vaca que
nos ayuda a justificar nuestra pobreza y por
ende nos mantiene atados a la miseria.*

—Alejandro Darío, Bolivia.

*L*a historia de la vaca la escuché por vez primera en un vuelo de Nueva York a Buenos Aires. Me la contó una encantadora dama a quien, para mi fortuna, le correspondió el asiento de al lado. Puesto que este vuelo sale cerca de las siete de la noche, apenas a la media noche estábamos terminando de cenar.

En estos viajes tan largos o te duermes o acabas conversando con la persona que tienes a tu lado para, de alguna manera, tratar de acortar el tiempo. Así que, después de hablar sobre nuestras profesiones, la familia, lo mucho que viajábamos y el acostumbrado intercambio de tarjetas, hablamos de los negocios que nos llevaban a Argentina.

Siempre he tenido la buena fortuna de que, cuando las personas escuchan que soy escritor, se sienten motivadas para compartir conmigo anécdotas, historias y cuentos que les dejaron alguna enseñanza. Otras me hablan de aquellos libros o autores que más los han conmovido o inspirado, lo que, para mí, siempre ha sido un manantial extraordinario de nuevas ideas. Así que allí, en la confortable cabina de un moderno

Boeing 777, mientras sobrevolábamos algún lugar del norte de nuestro continente a eso de la una de la mañana, escuché por primera vez la historia de la vaca. Debo agregar, que desde aquella ocasión, y especialmente desde que comencé a compartirla en mis charlas, he escuchado diferentes versiones de la misma. Por supuesto que lo que estoy presentando aquí es mi propia versión de la historia. Debo advertir que todo parecido con hechos o personajes reales es pura coincidencia (aunque quizás totalmente intencionada).

Lo interesante es que, cuando la escuché aquella primera vez, la historia no tomó más de dos o tres minutos. Sin embargo, después de haberla relatado cientos de veces, me he dado cuenta que cada vez se pone mejor y crece como una serie televisiva en la que cada semana aparecen nuevos personajes. La historia se alarga unos minutos más, surgen nuevas enseñanzas y se torna mucho más compleja. Así que después de haberla compartido con decenas de miles de personas en varios países; durante una de mis presentaciones, alguien se me acercó para pedirme que le enviara por correo la historia de la vaca.

En aquella ocasión me había tomado poco más de dos horas contarla. Así que decidí hacer algo mejor que mandarle un apresurado resumen de esta espectacular metáfora; decidí —de una vez por todas— escribir la trágica historia de la vaca.

Así que con mucho entusiasmo me di a la tarea de descubrir todos los retos que nos planteaba esta maravillosa leyenda. Y haciendo uso de las ventajas que ofrece Internet, decidí publicar una primera edición del libro como libro electrónico (*e-book*) para apreciar rápidamente la respuesta de los lectores. Los resultados fueron sorprendentes, en menos de cuatro meses 265.000 personas de más de cien países habían leído esta historia.

Más de 10.000 de estas personas se animaron a compartir las excusas y justificaciones —vacas— de las que se habían desecho. Muchas personas le dieron un vuelco total a su vida como resultado de haber aceptado el reto de lidiar, de una vez por todas, con las creencias limitantes que cargaron durante largo tiempo.

Ellas quisieron que su experiencia personal le sirviera de ejemplo a otros y accedieron a que éstas fueran publicadas. Así que para esta edición impresa he querido incluir algunas de estas historias de personas comunes y corrientes que se atrevieron a vivir una vida extraordinaria. También incluí un capítulo especial que contiene una estrategia, paso a paso, sobre cómo puedes lidiar de manera efectiva con tus vacas.

La historia de la vaca es un relato sobre cómo deshacernos de los hábitos, excusas y creencias que nos mantienen atados a la mediocridad. Siempre he creído que el peor enemigo del éxito es el conformismo. Esta metáfora ilustra los efectos tan devastadores que éste puede tener sobre nuestra vida y los grandes cambios que ocurren cuando finalmente decidimos deshacernos de todas nuestras excusas. No obstante, me gustaría que fuera el propio lector quien encontrara las enseñanzas que se desprenden de la historia. Y aunque, es probable que a estas alturas aún le sea imposible entender el significado de la siguiente afirmación, si resulta que no aprendió nada... ¡Ésa es su vaca!

Capítulo Uno
La historia de la vaca

Este libro transformó por completo mi manera de ver la vida. Después de ver lo que he logrado hasta ahora, me doy cuenta que pude haber hecho más si no hubiese tenido la vaca de sentirme conforme con lo poco que había conseguido.

A pesar de mi gran potencial, he desperdiciado una gran parte de mi vida en excusas, tales como: "mis papás no me apoyaron lo suficiente y por eso yo batallé tanto para terminar mi carrera" o "los problemas económicos en mi familia nunca me han permitido lograr mis metas". Cuando viví en el extranjero, me escondía tras las vacas de "¿cómo voy a sobresalir aquí, si este no es mi país?" o "Aquí no quieren a los extranjeros".

La lección más importante que he aprendido es que no hay obstáculo más grande que "yo misma" y que siempre seré lo que yo quiera ser.

—Liliana Inurrigarro Ramos, México

*L*a historia cuenta que un viejo maestro deseaba enseñar a uno de sus discípulos la razón por la cual muchas personas viven atadas a una vida de conformismo y mediocridad y no logran superar los obstáculos que les impiden triunfar. No obstante, para el maestro la lección más importante que podía aprender el joven discípulo era observar lo que sucede cuando finalmente nos liberamos de aquellas ataduras y comenzamos a utilizar nuestro verdadero potencial.

Para impartir su lección al joven, el maestro decidió que aquella tarde visitaran juntos algunos de los parajes más pobres de la provincia. Después de caminar un largo rato encontraron el vecindario más triste y desolador de la comarca y se dispusieron a buscar la más humilde de todas las viviendas.

Aquella casucha a medio derrumbarse, que se encontraba en la parte más alejada del caserío era, sin duda alguna, la más pobre de todas. Sus paredes se sostenían en pie de milagro aunque amenazaban con venirse abajo en cualquier momento; el improvisado techo dejaba filtrar el agua, y la basura y los desperdicios se acumulaban a su alrededor dándole un aspecto decrépito y repulsivo. Sin embargo, lo más sorprendente de todo era que en aquella casucha de apenas seis metros cuadrados vivían ocho personas. El padre, la madre, cuatro hijos y dos abuelos se las arreglaban para acomodarse de cualquier manera en aquel reducido espacio.

Sus ropas viejas y remendadas, y la suciedad y el mal olor que envolvía a sus cuerpos, eran la mejor prueba de la profunda miseria que ahí reinaba. Sus miradas tristes y sus cabezas bajas no dejaban duda de que la pobreza y la inopia no sólo se había apoderado de sus cuerpos sino que también había encontrado albergue en su interior.

Curiosamente, en medio de este estado de penuria y pobreza total la familia contaba con una sola posesión, extraordinaria bajo tales circunstancias, una vaca. Una flacuchenta vaca cuya escasa leche le proveía a la familia un poco de alimento para sobrevivir. La vaca era la única posesión material con la que contaban y lo único que los separaba de la miseria total.

Y allí, en medio de la basura y el desorden, el maestro y su discípulo pasaron la noche. Al día siguiente, muy temprano, asegurándose de no despertar a nadie, los dos viajeros se dispusieron a continuar su camino. Salieron de la morada pero, antes de emprender la marcha, el anciano maestro le dijo en voz baja a su discípulo: "Es hora de que aprendas la lección que nos trajo a estos parajes".

Después de todo, lo único que habían visto durante su corta estadía eran los resultados de una vida de
conformismo y mediocridad, pero aún no estaba del
todo claro para el joven discípulo cuál era la causa que
había originado tal estado de abandono. Ésta era la
verdadera lección, el maestro lo sabía y había llegado
el momento de enseñársela.

Ante la incrédula mirada del joven, y sin que éste
pudiera hacer algo para evitarlo, súbitamente el anciano sacó una daga que llevaba en su bolsa y de un solo
tajo degolló a la pobre vaca que se encontraba atada a
la puerta de la vivienda.

¿Qué has hecho maestro? —dijo el joven susurran-
do angustiadamente para no despertar a la familia—.
¿Qué lección es ésta que deja a una familia en la ruina
total? ¿Cómo has podido matar esta pobre vaca que
era su única posesión?

Sin inmutarse ante la preocupación de su joven discípulo y sin hacer caso de sus interrogantes, el anciano se
dispuso a continuar su marcha. Así pues, dejando atrás
aquella macabra escena, maestro y discípulo partieron.
El primero, aparentemente indiferente ante la suerte que
le esperaba a la pobre familia por la pérdida del animal.
Durante los días siguientes al joven le asaltaba una y
otra vez la nefasta idea de que, sin la vaca, la familia seguramente moriría de hambre. ¿Qué otra suerte podían
correr tras haber perdido su única fuente de sustento?

La historia cuenta que, un año más tarde, los dos hombres decidieron pasar nuevamente por aquel paraje para ver qué había ocurrido con la familia. Buscaron en vano la humilde vivienda. El lugar parecía ser el mismo, pero donde un año atrás se encontrara la ruinosa casucha ahora se levantaba una casa grande que, aparentemente, había sido construida recientemente. Se detuvieron por un momento para observarla a la distancia, asegurándose que se encontraran en el mismo sitio.

Lo primero que pasó por la mente del joven fue el presentimiento de que la muerte de la vaca había sido un golpe demasiado duro para aquella pobre familia. Muy probablemente, se habían visto obligados a abandonar aquel lugar y una nueva familia, con mayores posesiones, se había adueñado de éste y había construido una mejor vivienda.

¿Adónde habrían ido a parar aquel hombre y su familia? ¿Qué habría sucedido con ellos? Quizás fue la pena moral la que los doblegó. Todo esto pasaba por la mente del joven mientras se debatía entre el deseo de acercarse a la nueva vivienda para indagar por la suerte de los antiguos moradores o continuar su viaje y así evitar la confirmación de sus peores sospechas.

Cuál no sería su sorpresa cuando, del interior de la casa, vio salir al mismo hombre que un año atrás les había dado posada. Sin embargo, su aspecto era totalmente distinto. Sus ojos brillaban, vestía ropas limpias, iba aseado y su amplia sonrisa mostraba que algo significativo había sucedido. El joven no daba crédito a lo que veía. ¿Cómo era posible? ¿Qué habría acontecido durante ese año? Rápidamente se dispuso a saludarle para averiguar qué había ocasionado tal cambio en la vida de esta familia.

Hace un año, durante nuestro breve paso por aquí —dijo el joven— fuimos testigos de la inmensa pobreza en la que ustedes se encontraban. ¿Qué ocurrió durante este tiempo para que todo cambiara?

El hombre -que ignoraba que el joven y su maestro habían sido los causantes de la muerte de la vaca- les contó cómo, casualmente el mismo día de su partida, algún maleante, envidioso de su escasa fortuna, había degollado salvajemente al pobre animal.

El hombre les confesó a los dos viajeros que su primera reacción ante la muerte de la vaca fue de desesperación y angustia. Por mucho tiempo, la leche que producía la vaca había sido su única fuente de sustento. Más aún, poseer este animal les había ganado el respeto de los vecinos menos afortunados quienes seguramente envidiaban tan preciado bien.

"Sin embargo -continuó el hombre- poco después de aquel trágico día, nos dimos cuenta que, a menos que hiciéramos algo, muy probablemente nuestra propia supervivencia se vería amenazada. Necesitábamos comer y buscar otras fuentes de alimento para nuestros hijos, así que limpiamos el patio de la parte de atrás de la casucha, conseguimos algunas semillas y sembramos hortalizas y legumbres para alimentarnos".

"Pasado algún tiempo, nos dimos cuenta que la improvisada granja producía mucho más de lo que necesitábamos para nuestro sustento, así que comenzamos a venderle algunos vegetales que nos sobraban a nuestros vecinos y con esa ganancia compramos más semillas. Poco después vimos que el sobrante de la cosecha alcanzaba para venderlo en el mercado del pueblo. Así lo hicimos y por primera vez en nuestra vida tuvimos el dinero suficiente para comprar mejores vestidos y arreglar nuestra casa. De esta manera, poco a poco, este año nos ha traído una vida nueva. Es como si la trágica muerte de nuestra vaca, hubiese abierto las puertas de una nueva esperanza".

El joven, quien escuchaba atónito la increíble historia, entendió finalmente la lección que su sabio maestro quería enseñarle. Era obvio que la muerte del animal fue el principio de una vida de nuevas y mayores oportunidades.

El maestro, quien había permanecido en silencio escuchando el fascinante relato del hombre, llevó al joven a un lado y le preguntó en voz baja

- ¿Tú crees que si esta familia aún tuviese su vaca, habría logrado todo esto?

- Seguramente no, respondió el joven.

- ¿Comprendes ahora? La vaca, además de ser su única posesión, era también la cadena que los mantenía atados a una vida de conformismo y mediocridad. Cuando ya no contaron más con la falsa seguridad que les daba sentirse poseedores de algo, así sólo fuera una flacucha vaca, tomaron la decisión de esforzarse por buscar algo más.

- En otras palabras, la vaca, que para sus vecinos era una bendición, les daba la sensación de no estar en la pobreza total, cuando en realidad vivían en medio de la miseria.

- ¡Exactamente! -respondió el maestro-. Así sucede cuando tienes poco, porque lo poco que tienes se convierte en una cadena que no te permite buscar algo mejor. El conformismo se apodera de tu vida. Sabes que no eres feliz con lo que posees, pero tampoco eres totalmente miserable. Estás frustrado con la vida que llevas, mas no lo suficiente como para cambiarla. ¿Ves lo trágico de esta situación?

Cuando tienes un trabajo que odias, con el que no logras satisfacer tus necesidades económicas mínimas y no te trae absolutamente ninguna satisfacción, es fácil tomar la decisión de dejarlo y buscar uno mejor. No obstante, cuando tienes un trabajo que no te gusta, pero que cubre tus necesidades mínimas y te ofrece cierta comodidad aunque no la calidad de vida que verdaderamente deseas para ti y tu familia, es fácil conformarte con lo poco que tienes. Es fácil caer presa del *dar gracias ya que por lo menos cuentas con algo... Después de todo, hay muchos que no tienen nada y quisieran contar con el trabajo que tú tienes.*

Esta idea es similar a aquella vaca y, a menos que te deshagas de ella, no podrás experimentar un mundo distinto al que has vivido. Estás condenado a ser víctima de por vida de estas limitaciones que tú mismo te has encargado de establecer. Es como si hubieses decidido vender tus ojos y conformarte con tu suerte.

Todos tenemos vacas en nuestras vidas. Llevamos a cuestas creencias, excusas y justificaciones que nos mantienen atados a una vida de mediocridad. Poseemos vacas que no nos dejan buscar mejores oportunidades. Cargamos con pretextos y disculpas para explicar por qué no estamos viviendo la vida que queremos. Nos damos excusas que ni nosotros mismos creemos, que nos dan un falso sentido de seguridad cuando frente a nosotros se encuentra un mundo de oportunidades por descubrir; oportunidades que sólo podremos apreciar si matamos a nuestras vacas.

"Qué gran lección", pensó el joven discípulo e inmediatamente reflexionó acerca de sus propias vacas. Durante el resto del viaje recapacitó acerca de todas aquellas limitaciones que él mismo se había encargado de adquirir a lo largo de su vida. Prometió liberarse de todas las vacas que lo mantenían atado a una existencia de mediocridad y le impedían utilizar su verdadero potencial.

Indudablemente, aquel día marcaba el comienzo de una nueva vida, ¡una vida libre de vacas!

Capítulo Dos

Definamos a la vaca

Como muchas personas en mi país,
actualmente estoy desempleado. Al leer
el libro me di cuenta del corral de vacas que
venía cargando: "el mercado está duro", "hay
demasiada competencia", "no tengo capital
de trabajo", "a esta edad es difícil cambiar"
y otra serie de vacas que me tenían atado a
la mediocridad. Gracias a la lectura del libro
he visto una luz al final del túnel y poco
a poco he echado a andar mi creatividad.
(oh, sorpresa). Finalmente, otra vez estoy
trabajando en mi futuro en lugar
de quejarme de mi pasado.

—José Carlos González, Perú

$\mathcal{D}$espués de compartir muchas veces esta historia, he llegado a la conclusión de que la vaca simboliza todo aquello que nos mantiene atados a la mediocridad. Representa todo lo que nos invita al conformismo y, por lo mismo, nos impide utilizar nuestro potencial al máximo. Lamentablemente, todos cargamos con más vacas de las que estamos dispuestos a admitir, y cada una posee características especiales. He aquí algunas de las más comunes:

- Las vacas más frecuentes son las excusas con las que pretendemos explicar por qué no hemos hecho lo que debemos hacer.

- La vaca también puede ser un miedo o pensamiento irracional que nos paraliza y nos impide actuar. De hecho, la inmensa mayoría de nuestros temores son vacas.

- A veces, las vacas toman la forma de falsas creencias sobre nuestras propias habilidades, las demás personas o el mundo que nos rodea. Creencias que no nos permiten utilizar nuestro potencial al máximo.

- Las justificaciones, por lo general, son vacas disfrazadas. Éstas son explicaciones que hemos utilizado por mucho tiempo para justificar por qué estamos en donde estamos; ideas con las cuales trata-
mos de convencernos a nosotros mismos y a los
demás que la situación no está tan mal como parece. Esto, a pesar de que ya no la podamos so-
portar ni un minuto más.

Como ves, las vacas suelen adoptar formas y dis-
fraces que facilitan o dificultan que las reconozcamos
como tales. Lo cierto es que a pocas personas les gusta
admitir que tienen vacas en su vida. Prefieren aceptar-
las como cargas ineludibles que el destino ha deposi-
tado sobre sus hombros, sobre las cuales ellas tienen
muy poco o ningún control. En general, toda idea que
te debilite, que te dé una excusa o te ofrezca una esca-
patoria para eludir la responsabilidad de lo que debes
hacer es seguramente una vaca.

Las excusas son las vacas más comunes. Son una
forma cómoda de eludir nuestras responsabilidades y
justificar nuestra mediocridad al buscar culpables de
todo aquello que siempre estuvo bajo nuestro control.

Las excusas son una manera de decir: "yo lo hice
pero no fue mi culpa". "Sé que llegué tarde pero la culpa fue del tráfico", "reprobé el examen pero la culpa
fue del maestro que no nos dio suficiente tiempo para
estudiar", "no he avanzado en mi trabajo pero la culpa

es de mi jefe que no aprecia mi talento", "fracasé en mi matrimonio pero la culpa fue de mi esposa que no me supo comprender". Todas éstas son vacas que lo único que buscan es exonerarnos de toda responsabilidad y colocarnos en el papel de víctimas. (¡Qué vacas!)

Hay tres elementos importantes que debes entender acerca de las excusas:

1. Que si verdaderamente quieres encontrar una disculpa para justificar cualquier cosa, ten la plena seguridad que la hallarás sin la mayor dificultad.

2. Cuando comiences a utilizar estas excusas –vacas— ten la certeza que encontrarás aliados. ¡Sí! No importa qué tan increíble y absurda pueda sonar tu excusa, vas a encontrar personas que la crean y la compartan. Las escucharás decir: "yo sé como te sientes porque a mí me sucede exactamente lo mismo".

3. La tercera verdad acerca de las excusas es que una vez dadas, nada cambiará en tu vida ni en tu realidad personal. Tu mediocridad seguirá ahí y el problema que quieres evitar enfrentar mediante la excusa permanecerá ahí. No habrás avanzado hacia su solución sino que, por el contrario, habrás retrocedido.

Sin embargo, el mayor peligro asociado con las excusas es que, cada vez que las utilizas las llevas un paso más cerca de convertirse en tu realidad. Por ejemplo, si usas con frecuencia la disculpa "no tengo tiempo" para justificar por qué no estás haciendo muchas de las cosas que deberías hacer, verás cómo, poco a poco, comenzarás a perder el control total sobre tu tiempo y tu vida. Empezarás a vivir una vida reactiva, de urgencia en urgencia, sin tiempo para trabajar en lo que verdaderamente te importa. Con cada uso tu excusa adquiere una mayor validez y encuentra mayor aprobación de parte tuya hasta que termina por ser parte de tu realidad. Lo cierto es que las excusas son una manera simple de no lidiar con el peor enemigo del éxito: la mediocridad.

Ciertos pensamientos se convierten en vacas porque nos paralizan y no nos dejan actuar. Muchas veces son ideas que repetimos sin saber por qué, conceptos que escuchamos de otras personas y que la reiteración y el tiempo las convirtieron en dichos populares aunque no son más que mentiras revestidas de una fina capa de algo semejante a la verdad.

Un ejemplo de esto es la idea tan común de: "Yo soy una persona realista". Si le preguntas a una persona positiva si es optimista, con seguridad te dirá que sí. No obstante, si le preguntas a una persona negativa si es pesimista, seguramente te responderá algo así: "Yo no soy pesimista, yo simplemente soy realista".

¿Ves por qué este pensamiento es una vaca? Si aceptas que eres pesimista, negativo y amargado, es

posible que, tarde o temprano, decidas que necesitas
cambiar y optes por buscar ayuda para hacerlo. Sin
embargo, si crees que estás siendo realista, lo más probable es que no sientas la necesidad de cambiar. Después de todo, ser realista es tener los pies sobre la tierra
y ver las cosas tal como son. O, por lo menos, eso es lo
que los realistas dicen. No obstante, si observas con
cuidado, te darás cuenta que las denominadas "personas realistas" tienden a ser pesimistas y a tener expectativas negativas. Como ves, la vaca "soy una persona
realista" no sólo te impide ver tu propio pesimismo,
sino que actúa como una lente a través de cual ves e
interpretas el mundo que te rodea.

Es simple, si te pones unos lentes oscuros, todo lo
vas a ver oscuro. Y si utilizas unos lentes de color ver-
de, todo lo verás verdoso. De la misma manera, el pesimista vive en un mundo negativo y deprimente, mientras que el optimista vive en un mundo positivo y lleno
de oportunidades. Sin embargo, los dos comparten el
mismo mundo. Las diferencias que observan son sólo
el resultado de sus pensamientos dominantes.

Y no es que hayan nacido así, su pesimismo es un
comportamiento aprendido o socialmente condiciona-
do por el medio. Las emociones y sentimientos negativos son vacas que adoptamos inadvertidamente a lo
largo de nuestra vida. Las hemos aprendido y progra-
mado en nuestro subconsciente de manera voluntaria
y las consecuencias son generalmente desastrosas.

La buena noticia es que, aun cuando en el pasado hayamos permitido que nuestro entorno o aquellas personas que se encuentran a nuestro alrededor nos condicionaran para el fracaso, hoy podemos cambiar de actitud y reprogramar nuestra mente para el éxito (esto es matar la vaca).

Los pensamientos negativos no sólo te mantienen atado a la mediocridad, sino que poco a poco destruyen tu vida. Generan fuerzas y sentimientos nocivos dentro de ti que se evidencian tanto en estados emocionales dañinos y perjudiciales, como en males y problemas físicos. Enfermedades y padecimientos como úlceras, males del corazón, hipertensión, problemas digestivos, migrañas y otros. Los pensamientos hostiles y de enojo, por ejemplo, aumentan la presión arterial, mientras que el resentimiento y la tristeza debilitan el sistema inmunológico del cuerpo.

Ciertamente, la vaca del pesimismo tiene efectos devastadores para la salud física y mental. ¿Te has dado cuenta que aquellas personas que constantemente se quejan por todo son las mismas que suelen enfermarse con mayor frecuencia?

Martín Seligman, profesor de la Universidad de Pennsylvania, asevera que los pesimistas sufren más infecciones y enfermedades crónicas y que su sistema inmunológico no responde tan bien como el de una persona optimista y positiva. Un estudio realizado por la Universidad de Harvard demostró que aquellas personas que a los 25 años de edad poseían ya una actitud pesimista, habían sufrido en promedio un mayor número de enfermedades serias entre los 40 y los 50 años de edad.

¿Qué efectos positivos pueden generarse al matar la vaca del pesimismo? En otro estudio realizado por un grupo de investigadores del hospital King's College de Londres, con 57 mujeres que sufrían de cáncer del seno y habían sufrido una masectomía, se encontró que siete de cada diez mujeres que poseían lo que los doctores llamaban *espíritu de lucha* vivían, diez años más tarde, vidas normales, mientras que cuatro de cada cinco de las mujeres que, en opinión de los doctores, *habían perdido la esperanza y se habían resignado a lo peor*, poco tiempo después de escuchar el diagnóstico habían muerto. Así que, como ves, muchas de estas vacas no sólo afectan nuestra actitud y nuestra vida emocional, sino que nos pueden estar robando nuestra vida.

Algunas vacas suelen convertirse en refranes populares que muchas veces adoptamos como si fueran fórmulas infalibles de sabiduría, pero que no son otra cosa que ideas erradas que nos impiden progresar. Dichos como: *Perro viejo no aprende nuevos trucos* o *árbol que crece torcido jamás su rama endereza* popularizan dos ideas equívocas y absurdas: buscan hacernos creer que existe una edad después de la cual es imposible aprender algo nuevo o que hay ciertos hábitos o comportamientos imposibles de cambiar. Estas dos ideas no sólo nos restan poder sino que terminan por cegarnos ante la grandeza de nuestra propia capacidad para aprender y cambiar.

Lo más curioso en torno a esta clase de vacas es que muy pocas veces cuestionamos la supuesta sabiduría que encierran. Asumimos que si se han convertido en dichos populares debe ser porque guardan una profunda verdad. No obstante, muchas veces lo que los ha convertido en esto es ser vacas compartidas por un gran número de personas. Por ejemplo, ¿te has preguntado si los siguientes refranes encierran alguna verdad, o si sólo son vacas que oportunamente utilizamos para justificar una situación de conformismo que parece afectar a muchos?

- *Es mejor malo conocido que bueno por conocer.*

- *Unos nacen con buena estrella y otros nacimos estrellados.*

- *Lo importante no es ganar o perder sino haber tomado parte en el juego.*

Así que antes de apresurarte a utilizar cualquiera de estas supuestas "joyas de la sabiduría popular", asegúrate de no estar perpetuando aquellas vacas que lo único que logran en tu vida es hacer más llevadero el conformismo. Después de todo recuerda que *mal de muchos... consuelo de tontos.*

Ahora bien, las vacas más recurrentes, y las que peores resultados traen a nuestras vidas, son las falsas creencias sobre lo que podemos —o no podemos— hacer y lograr en nuestra vida; limitaciones que nosotros mismos nos encargamos de adoptar acerca de nuestras propias capacidades, talentos y habilidades. Por ejemplo, si en tu mente reposa la creencia de que no podrás triunfar porque no contaste con la buena fortuna de ir a la escuela, con seguridad esta idea gobernará tu vida, tus expectativas, decisiones, metas y manera de actuar. Esta falsa creencia se convertirá en un programa mental que, desde lo más profundo de tu subconsciente, regirá todas tus acciones.

Tus creencias determinan tus expectativas, éstas influyen en tu manera de actuar y tu manera de actuar determinará los resultados que obtendrás en tu vida. Las creencias limitantes generan bajas expectativas y producen pobres resultados. ¿Te das cuenta del peligro que representan estas vacas?

¿Cómo llegan estas ideas absurdas (vacas) a convertirse en creencias limitantes? ¿Cómo logran tomar control de nuestro destino? Observa la manera tan sencilla como esto ocurre. La persona saca conclusiones erradas a partir de premisas equívocas que ha aceptado como ciertas. Observa cómo funciona este mecanismo:

Primera premisa: Mis padres nunca fueron a la escuela.

Segunda premisa: Mis padres no lograron mucho en la vida.

Conclusión: Como yo tampoco fui a la escuela, seguramente tampoco lograré mucho con mi vida.

¿Ves los efectos tan devastadores que tienen estas generalizaciones que nosotros mismos nos hemos encargado de crear con nuestro diálogo interno? Podemos crear uno de los círculos viciosos más autodestructivos que hayamos imaginado, ya que entre más incapaces nos veamos nosotros mismos más inútiles nos verán los demás. Nos tratarán como incapaces, lo cual sólo confirmará lo que ya sabíamos de antemano: que éramos unos inútiles.

Lo cierto es que el hecho de que tus padres no hayan logrado mucho, quizá no tenga nada que ver con que hayan o no hayan ido a la escuela. Inclusive, aunque así fuera, eso no significa que contigo va a suceder lo mismo o que no puedas cambiar esta situación.

A José Luis Ferrer, un joven latinoamericano residente en Australia, siempre le embargó el temor de trabajar en una profesión distinta a aquella en la que se había preparado. Por largo tiempo, esta vaca le impidió aprender una disciplina que le atraía por encontrarse en una área distinta a aquella que estudió. José Luis había caído víctima de una vaca muy común: *za-*

patero a tus zapatos, que perpetúa la idea de cada cual debe dedicarse a lo que estudió o aprendió y punto. Ésta es una vaca particularmente peligrosa en el mundo actual, ya que según algunos estudios, debido a la globalización, las nuevas tecnologías y la alta competitividad, la persona promedio debe esperar desempeñarse en por lo menos siete áreas distintas a lo largo de su vida profesional. Afortunadamente, José Luis decidió aceptar el reto de iniciar estudios en un campo totalmente nuevo para él. Hoy, no sólo se ha dado cuenta que realmente ama su nueva carrera, sino que disfruta su vida profesional más que nunca.

Así que cuestiona toda creencia que exista en tu vida. No aceptes limitaciones sin preguntarte si son ciertas o no. Recuerda que siempre serás lo que creas ser. Si crees que puedes triunfar, seguramente lo harás. Si crees que no triunfarás, ya has perdido. Es tu decisión.

La última clase de vaca a la que quiero referirme es a las justificaciones. Estas vacas tienen un efecto paralizante que nos impide actuar. La razón es muy sencilla: mientras puedas justificar algo no será necesario que lo remedies. Por ejemplo, analiza la siguiente justificación: "Yo sé que debería compartir más tiempo con mis hijos, pero la verdad es que llego demasiado cansado del trabajo. Después de todo, trabajo para proveerles un mejor nivel de vida y con ello les estoy mostrando que los amo".

A simple vista, esta vaca parece real y es posible que algunos de los lectores que la cargan estén pensando lo mismo. Si la utilizas, es posible que hasta encuentres aliados, y dependiendo de la cara con que la digas y el tono de voz que utilices, es posible que logres acomodarte en el papel de víctima que sufre la injusticia de no poder pasar más tiempo con sus hijos. Pero lo cierto es que no es más que una vaca, ya que todos podemos pasar más tiempo con nuestros hijos. Y con un poco de creatividad y disciplina te darás cuenta que es más fácil de lo que crees.

Si ésta es tu vaca, sé creativo e ingéniate diferentes formas para involucrar a tus hijos en tus actividades y compartir más con ellos. Interésate en sus hobbies, habla con ellos más durante las comidas, dedica un tiempo cada noche para preguntarles sobre su día antes de que se vayan a dormir, ayúdales con sus tareas y actividades escolares, organiza actividades recreativas durante los fines de semana que te permitan crear una relación de mayor cercanía y amistad con ellos. No basta con satisfacer sus necesidades básicas a costa de privarlos de tu afecto.

Otra excusa –vaca— que algunos padres utilizan para justificar esta situación es la siguiente: *Lo importante no es la cantidad de tiempo que pase con mis hijos, sino la calidad.* Ésta es una vaca terrible ya que deja libre el camino para que germine en nuestra mente la idea de que en realidad no es necesario pasar más tiempo con nuestros hijos; que mientras estemos convencidos que estamos dándoles calidad de tiempo (independientemente de lo que esto quiera decir), la cantidad no tiene mayor importancia. ¿Te das cuenta lo peligroso de esta vaca? Porque lo cierto es que, en la relación con nuestros hijos, la cantidad de tiempo que pasemos con ellos es tan importante como la calidad. Es más, si yo tuviese que elegir entre una de éstas, elegiría cantidad.

Si tienes dudas al respecto trata de visualizar la siguiente situación: imagínate que entras a un restaurante con un amigo y los dos piden un filete de pescado. A tu amigo le traen un enorme filete, grueso y jugoso, mientras que a ti te traen un pequeño filete que no es ni la quinta parte del que le ha tocado a tu amigo. Al hacer el reclamo, el mesero te responde: "Ah, señor, la explicación es muy sencilla, su filete es de mejor calidad". No sé que responderías tú en tal situación, pero sin duda yo le dejaría saber que para mí la cantidad es tan importante como la calidad y demandaría una porción mayor.

En la relación con tus hijos, es posible que ellos no te reclamen con frecuencia una porción de tiempo mayor de la que les puedas estar dando en este momento, pero ten la plena seguridad de que si no se la ofreces voluntariamente, ellos lo resentirán. Es indudable que la cantidad de tiempo que emplees con tus hijos hoy determinará la clase de relación que tendrás con ellos en el futuro.

Como puedes ver, es fácil apropiarnos de un sinnúmero de vacas que lo único que logran es limitarnos e impedirnos vivir nuestra vida al máximo.

¿Qué hace que un ser humano, voluntariamente, lleve una vaca a cuestas a pesar de saber que ésta le priva de vivir una vida plena y feliz? Parece ilógico conservar algo que va en detrimento de nuestra propia felicidad.

Lo cierto es que muchas personas no son conscientes de las vacas que llevan sobre su espalda; otras son conscientes de ellas, pero continúan cuidándolas y alimentándolas, porque las vacas les proveen una zona de comodidad en la cual es fácil aceptar la mediocridad como forma de vida.

Cuando cargamos con una vaca a cuestas, ésta termina por despojarnos de toda la responsabilidad por nuestro éxito y deposita la culpabilidad por nuestra situación fuera de nosotros mismos. De repente, la culpa de nuestra mala suerte es de otras personas, de las circunstancias o del destino. Sin ninguna vaca que justifique nuestra mediocridad, sólo tendríamos dos opciones: aceptar total responsabilidad por nuestras circunstancias y cambiar (**¡éxito!**), o aceptar que somos incapaces de tomar el control de nuestra vida y resignarnos (**¡fracaso!**). Sin embargo, las vacas nos dan una tercera opción, aún peor que la segunda: nos convierten en personas con buenas intenciones, a quienes infortunadamente la suerte no les ha sonreído; convir-

tiéndonos así en las pobres víctimas de un cruel destino (**¡mediocridad!**).

Entonces, como ves, la mediocridad es peor que el
fracaso total. Éste al menos te obliga a evaluar otras
opciones. Cuando has tocado fondo y te encuentras
en el punto más bajo de tu vida, la única opción es
subir. La miseria absoluta, el fracaso total, el tocar fondo, te obligan a actuar.

No obstante, con el conformismo sucede todo lo
contrario, puesto que éste engendra mediocridad y a
su vez, la mediocridad perpetúa el conformismo. El
gran peligro de la mediocridad es que es llevadera,
podemos vivir con ella. Hace algún tiempo escuché
una historia que ilustra muy bien este punto.

Una persona llegó a la casa de un viejo granjero,
quien era muy aficionado a la cacería. Junto a la puerta de su casa se sentaba uno de sus perros. Sin embargo, era evidente que el perro no estaba a gusto, que
algo le molestaba y lo tenía irritado ya que ladraba y
se quejaba sin parar. Después de unos minutos de ver
el evidente estado de incomodidad y dolor que exhi-
bía el animal, el visitante le preguntó al granjero qué
podría estarle sucediendo al pobre animal.

- No se preocupe ni le preste mayor atención –respondió el granjero-. Ese perro lleva varios años
en las mismas.

- Pero... ¿nunca lo ha llevado a un veterinario a ver qué puede estarle sucediendo?-, preguntó el visitante.

- Oh no, yo sé qué es lo que le molesta -respondió el granjero-. Lo que sucede es que es un perro muy perezoso.

- ¿Qué tiene eso que ver con sus quejas?

- Ocurre que, justo donde está acostado, se encuentra la punta de un clavo que sobresale del piso que lo pincha y lo molesta cada vez que se sienta y por eso ladra y se queja.

- Pero... y ¿por qué no se mueve a otro lugar?

- Porque seguramente no le molesta lo suficiente.

Éste es el gran problema con la vaca del conformismo y la mediocridad, que siempre nos molesta y nos incomoda, pero no lo suficiente como para que decidamos cambiar. Así que decide hoy mismo deshacerte de todas las vacas que te están robando la posibilidad de vivir una vida plena.

CAPÍTULO TRES

Algunas de las vacas más comunes

*Mi vaca era: "No quiero empezar hasta
no estar totalmente seguro". Esta vaca me
daba la tranquilidad de creer que estaba
siendo responsable, pero lo que en realidad
hizo fue impedirme realizar numerosos
proyectos, esperando el momento propicio,
o que se dieran todas las condiciones. Ahora
me doy cuenta que si espero las condiciones
ideales para hacer las cosas, no podré
emprender casi ningún proyecto, así
que he aprendido a actuar.*

—Daniel Mendoza, Argentina.

*E*xisten diferentes clases de vacas. A pesar de que todas ellas se caracterizan por lo mismo, su forma de presentarse suele tener diferentes matices. A continuación quiero compartir algunas de las vacas más comunes que he encontrado. No las menciono para que las adoptes, sino para que te ayuden a identificar a tus propias vacas, de manera que puedas deshacerte de ellas.

1. Las vacas "justificantes de la mediocridad":

- Yo estoy bien... Hay otros en peores circunstancias.

- Odio mi trabajo, pero hay que dar gracias que por lo menos lo tengo.

- No tendré el mejor matrimonio del mundo, pero por lo menos no nos peleamos todos los días.

- No tendremos mucho, pero al menos no nos falta la comida.

- Apenas pasé el curso, pero por lo menos no lo perdí. Quizás es hora de aceptar que no soy tan inteligente como los demás.

El peligro de encontrar una excusa que justifique tu mediocridad es que terminas por aceptar condiciones de vida que jamás hubieras permitido si no contaras con dicha excusa. Para Laura Esther Dante, residente en los Estados Unidos, su vaca era: "no puedo dejar este trabajo, empezar de cero nuevamente y arriesgarme a no encontrar nada mejor". Este temor la mantenía atada a un trabajo mediocre, plagado de problemas y peligros para su salud tanto física como mental. Lo peor de todo era que, después de 10 años en aquella empresa, había comenzado a aceptar que quizás ese trabajo sería su futuro para el resto de sus días.

"Cuando leí *La Vaca* —dice Laura— me convencí de que el trabajo que tenía se había convertido en una atadura para mi vida que no me permitía explorar nuevos horizontes, así que decidí renunciar. Ahora estoy bien de salud, mentalmente estoy tranquila y el estrés que sufría ha desaparecido casi por completo.

Pero lo más interesante de todo es que me he podido dar cuenta que mis temores no tenían ningún fundamento. He tenido mejores ofertas de trabajo e incluso logré tomarme un mes de vacaciones, cosa que no había hecho en largo tiempo por temor a tener problemas económicos."

La historia de Laura es un ejemplo de cómo una sola vaca puede generar toda una serie de emociones negativas que pueden paralizarte y sabotear tu vida.

2. Las vacas de "la culpa no es mía":

- Para la poca educación que tuve no me ha ido tan mal. Lástima que mis padres no hubiesen tenido más visión.

- Si mis padres no se hubiesen divorciado, quizás me hubiese ido mejor.

- Mi problema es que mi esposo no me apoya.

- Mi problema es que mi esposa es muy negativa.

- Es que en este país no hay apoyo para el empresario.

- Yo tengo buenas intenciones pero con esta economía pues... ni modo.

- Lo que sucede es que no tuve profesores que me motivaran para salir adelante.

La vaca que más estorbaba a Luis Fernando Vanegas, un joven empresario colombiano, era la idea de que necesitaba el apoyo incondicional de su familia para salir adelante. "Siento como si toda mi vida hubiera estado sometido a la voluntad de mis padres, familiares y amigos", dice Luis Fernando, refiriéndose al hecho de que muchas de sus vacas fueron obsequios de otras personas. "Siempre que iba a comenzar un proyecto, estaba seguro de recibir las críticas, consejos y sugerencias –vacas— de estos 'expertos'."

"No sea torpe, ¿cómo va a dejar ese trabajo que tiene para aventurar a algo nuevo? No sea desagradecido, piense en todas las personas desempleadas que hay, ¿cómo va a mantener a sus hijos? ¿Usted qué sabe de negocios? Es mejor un trabajo aburrido que no tener empleo."

"¿Se imagina recibir todas estas vacas de manera constante? Yo siempre había querido tener mi propio negocio. Pero como si no fuera suficiente con todas las vacas que recibía de mi entorno, tenía una situación que pudo haberse convertido en la peor de todas las vacas. Tenía *un trabajo aceptable* –una vaca mayor— que me proveía estabilidad, un buen salario y un jefe inigualable. Sin embargo, mis aspiraciones eran mucho mayores a lo que ese trabajo podía brindarme, así que maté a mi vaca y me lancé a crear mi propia empresa, haciendo oídos sordos a las críticas de los demás."

"Hoy, después de seis meses, todo ha salido mejor de lo proyectado, al punto que muchos de los mismos amigos que quisieron disuadirme de empezar esta aventura, ahora me animan a seguir adelante".

3. Las vacas de las falsas creencias:

- Como mi papá era alcohólico, con seguridad yo también voy para allá.

- Yo no quiero tener mucho dinero porque el dinero corrompe.

- Entre más tiene uno, más esclavo es de lo que tiene.

- Los ricos son infelices y entre más tienen, menos contentos están con lo que tienen.

Éstas suelen ser vacas muy peligrosas. La razón es sencilla, las falsas creencias son mentiras que por alguna razón hemos aceptado como verdades. ¿Has escuchado alguna vez aquella idea de que cada cual atrae a su vida lo que se merece? Para Roxana Reyes, una joven costarricense, esta idea la atormentaba constantemente. Ella se rehusaba a creer que mereciera el trato y la actitud de su pareja, que comenzaba a afectar terriblemente su autoestima. "Cuando leí que las vacas no eran personas, creí que mi caso era la única excepción. Llevaba una relación con mi pareja de poco menos de un año. Pero su actitud negativa y problemática me estaba causando un gran daño."

"Finalmente, comprendí que la verdadera vaca era creer que estaba condenada a esta relación, así que decidí terminarla y seguir adelante. He decidido no volver a conformarme con menos de lo que creo merecer."

4. Las vacas que buscan excusar lo inexcusable:

- Es que no me queda ni un minuto libre.

- Es que no quiero empezar hasta no estar absolutamente seguro.

- Quisiera leer más, pero no tengo tiempo.

- Es que no quiero empezar hasta que no sepa cómo hacerlo perfectamente.

José Miguel Rodríguez se considera a sí mismo una persona perfeccionista. Por mi parte, siempre he creído que el perfeccionismo es una de las peores vacas que existen. La razón es muy simple, es una de esas vacas que vienen disfrazadas de virtud, lo cual la hace parecer más un don que un mal hábito. Escucha como suena la vaca del perfeccionismo: "¡Si vale la pena hacerlo, vale la pena hacerlo bien o no hacerlo... porque esa es la clase de persona que yo soy!"

¿Si entiendes? Quién va a discutir contra eso, si suena a responsabilidad, entrega y excelencia. No obstante, lo cierto es que se convierte en una excusa que nos limita y nos paraliza, ya que nunca parecemos estar totalmente preparados. La única manera como puedes llegar a hacer algo bien es corriendo el riesgo de empezar a hacerlo cuando aún no lo haces muy bien.

En otras palabras, el verdadero dicho debe ser, "si vale la pena hacerlo, vale la pena hacerlo pobremente hasta que aprendamos a hacerlo bien, pero empezar a hacerlo ya mismo. Empezar con lo que tienes hoy."

Pero escucha cómo sonaba la vaca de José Miguel en sus propias palabras: "Siempre exijo calidad en todo, en las cosas que compro, los servicios que contrato y el comportamiento de las demás personas. Y con quien soy más exigente es conmigo mismo." Obviamente, recalca José Miguel, "extendía esta exigencia a mi esposa y mis hijos. En una época, llegué a presionar tanto a mi hijo para que hiciera todo tan perfecto, que me encontraba regañándolo, criticándolo y señalándole constantemente sus errores, lo cuál comenzó a afectar nuestra relación, ya que lo mantenía en un constante estado de estrés."

"Hoy, finalmente he comprendido que no necesito de la vaca del perfeccionismo para que mis hijos entiendan la importancia de hacer todo con excelencia. Ellos han comenzado a aprender por si mismos que nunca deben contentarse con la mediocridad y esa es la mejor lección de todas."

5. Las vacas de la impotencia:

- Lo que sucede es que yo nunca he sido bueno para eso.

- Es que el éxito no es para todo el mundo.

- Lamentablemente lo mío es genético. No hay nada que yo pueda hacer.

- Lo que uno no aprende de pequeño es muy difícil aprenderlo de grande.

- Mi problema es que soy muy tímida. Creo que esto es de familia ya que mi madre también era así.

La gran mayoría de las limitaciones que creemos tener son ideas absurdas acerca de nuestras propias habilidades. Para Patricia Petrini, quien me escribió desde Argentina, la vaca que la hacía sentir impotente era creer que no contaba con las aptitudes necesarias para enfrentar los desafíos profesionales que sabía que debía afrontar si quería salir adelante. Su vaca la había hecho caer en el peor círculo vicioso imaginable: "El miedo me paralizaba; la falta de acción generaba toda clase de dudas en mí y las dudas me aterrorizaban aún más y me mantenían atada a una vida de mediocridad."

"Después de leer *La Vaca*, supe que debía tomar acción; aún no estaba segura de saber cómo debía proceder, pero decidí actuar de todas maneras, y por fin, hoy puedo decir que estoy haciendo mis sueños realidad." Tristemente, muchas personas cargan durante toda su vida con temores que los paralizan y les roban la oportunidad de llegar a las metas que tanto anhelan alcanzar.

6. Las vacas filosofales:

- No he actuado, porque yo soy de los que cree que si vamos a hacer algo, o lo hacemos bien o no lo hacemos... y en este momento no creo poderlo hacer tan bien como quisiera.

- Si Dios quiere que triunfe, Él me mostrará el camino. Hay que esperar con paciencia.

- ¿Qué se puede hacer? Unos nacieron con buena estrella y otros nacimos estrellados.

A estas vacas las llamo filosofales, porque, la verdad, es muy difícil lidiar con ellas. Son ideas que, si las crees, a veces no hay poder humano que te haga cambiar de parecer. Generalmente, se manifiestan a través de dichos, refranes o frases que aceptamos como parte de la sabiduría popular. A Carla Evelyn Cevallos Sánchez, una joven salvadoreña, su vaca *lo importante no es ganar o perder sino competir*, no le parecía mal. Y es que, a menos que la examines con cuidado, esta vaca tiene rasgos nobles. Sin embargo, ¿te imaginas las implicaciones de cargar con esta vaca? ¿Cómo le ayudas utilizar su potencial al máximo a una persona que piensa que no hay diferencia entre ganar o perder? Ahora bien, déjame hacerte una pregunta, ¿quién crees tú que fue la primera persona que utilizó este refrán? Supongo que un perdedor. Ésta vaca es ciertamente un monumento a la mediocridad.

Sin quererlo, Carla había caído víctima de una vaca que le daba el consuelo de saber que el verdadero mérito estaba en haber intentado algo, lo cual, como ella misma lo anota, "limitaba mi esfuerzo y espíritu de lucha". Hoy Carla ha matado su vaca del conformismo y cuando los resultados no son los que ella esperaba, lo intenta de nuevo, cambia de estrategia, pide ayuda o hace lo que sea necesario para lograr los objetivos que se ha propuesto. ¡Bravo!

7. Las vacas del autoengaño:

- El día que decida dejar de fumar, lo dejo sin ningún problema. Lo que pasa es que no he querido.

- No es que a mí me guste dejar todo para el último minuto, lo que sucede es que yo trabajo mejor bajo presión.

- Lo importante no es ganar sino haber tomado parte en el juego. (¡Qué vaca!)

Las vacas del autoengaño que encuentro con mayor frecuencia son las que tiene que ver con desechar los malos hábitos como el fumar, el alcoholismo, la drogadicción o el comer compulsivamente.

Desde México, Carina Martínez nos cuenta cómo para ella su problema era la gordura. Para lidiar con esta realidad, Carina se había inventado toda una serie de vacas que la ayudaban a no sentirse tan mal. "Yo no soy una persona obesa", "Eso es cuestión de genética", "qué puedo hacer si vengo de una familia gorda y por lo tanto esa es mi tendencia."

Sin embargo, ninguna de estas justificaciones lograba hacerla sentir mejor. Carina entendió que mientras tuviera a quien o a que echarle la culpa por su gordura, no iba a perder los kilos necesarios para sentirse bien y gozar de un mejor estado físico. Así que decidió entrar en acción. "Decidí eliminar esa vaca para siempre y hoy estoy haciendo natación y gimnasia acuática. También estoy comiendo de forma balanceada y sé que lograré mi objetivo. Me siento mejor físicamente y sé que pronto luciré como yo quiero." ¡Bravo!

Recuerda que lo único que tienen en común todas las vacas a las cuales nos hemos referido en este capítulo es que perpetúan el conformismo y te mantienen atado a una vida de mediocridad. El matar tus vacas comienza por eliminar todas estas expresiones de tu vocabulario y sobre eso tú tienes control absoluto. Es tu decisión.

Los orígenes de las vacas

Siempre me sentí cohibida para hablar en público por muchos motivos y pretextos tontos. No sé de donde salió esta idea o cómo llegue a creerla con tanta firmeza. Después que leí este libro me sentí fortalecida y pensé que la única manera de deshacerme de esta vaca era debutando. Se presentó la oportunidad y para sorpresa mía, todos me felicitaron. La única tristeza es saber todo el tiempo que perdí como consecuencia de esta limitación que me hacía sentir mal.

—Ana María Contreras Armas, Perú

$\mathcal{L}$as vacas que cargamos a cuestas no se generan porque deliberadamente nos hayamos propuesto mantenerlas. Por más absurdo que parezca, ellas son el resultado de intenciones positivas. Detrás de todo comportamiento, sin importar que tan autodestructivo sea, subyace una intención positiva para con nosotros mismos. Nosotros no hacemos nada simplemente por causarnos daño sino porque creemos que, de alguna manera, obtenemos un beneficio de ello.

La persona cuya vaca es: "El día que decida dejar de fumar, lo dejo sin ningún problema... Lo que sucede es que aún no he tomado la decisión de dejarlo", utiliza este autoengaño para proteger su baja autoestima y ocultar su incapacidad para deshacerse de su adicción.

Su vaca le da la sensación de tener bajo control su mal hábito y le impide ver que es éste quien la controla a ella. ¿Te das cuenta del peligro de una vaca como ésta? Literalmente puedes cargar con ella toda tu vida y nunca sentirte mal por tu impotencia ni hacer nada para remediar la situación.

Como ésta, muchas otras creencias limitantes que arrastramos con nosotros a lo largo de la vida, han sido el resultado de buenas intenciones. Observa lo fácil que se adquiere una vaca. Digamos que tu vaca suena así: "Yo no sirvo para esto".

Esta vaca es muy común y comienza de manera casi inconsciente. La persona aprende a hacer bien una tarea, una profesión o un oficio. Disfruta haciéndolo, desarrolla un talento especial para ello y después de algún tiempo piensa: "Para esto es para lo que yo sirvo".

¿Te das cuenta lo que acaba de suceder? Al llegar a esta conclusión, a esta realización, la persona sin quererlo comienza a pensar que quizás ese es su talento, su llamado en la vida, su verdadera y única vocación. Asume que en ninguna otra área podrá ser tan efectiva como en ésa, y deja de intentar desarrollarse en otras áreas. Comienza a dar excusas –vacas—, encuentra razones —más vacas— para tratar de explicar sus limitaciones y hace afirmaciones tales como:

- Es que yo siempre he sido así.

- No nací con el talento para eso.

- Yo no tengo el cuerpo ni las habilidades que se requieren para ese deporte.

- Es que yo nunca he sido buena para el teatro.

- Mi problema es que yo no poseo la personalidad adecuada.

Y así, inadvertidamente, crea limitaciones que no le permiten expandir su potencial. Sin embargo, el verdadero problema está muy lejos de ser físico, congénito o de personalidad. El problema real son los programas mentales que hemos guardado en el archivo de nuestro subconsciente y que actúan como mecanismos de defensa que nos ayudan a salvaguardar la imagen que tenemos de nosotros mismos. No obstante, todas éstas son vacas, porque, aunque no crees que eres un bueno para nada; llegas a convencerte de que sólo eres bueno para una cosa y que lo demás es algo para lo cual no posees un talento innato.

Tu vaca de: "para esto es para lo que yo sirvo" te da cierto sentido de tranquilidad, porque sabes que por lo menos para una cosa eres bueno. Y para reforzar aún más esta idea, te repites con frecuencia que "no todo el mundo puede ser bueno para todo". No obstante, la verdad es que todos tenemos la capacidad de ser buenos para muchas otras cosas. Muchas más de las que estamos dispuestos a aceptar. Sin embargo, nunca lo descubriremos si antes no matamos nuestra vaca de "para esto es para lo que yo sirvo".

Otras limitaciones –vacas— son el resultado de experiencias pasadas que han perdido validez. A lo mejor, cuando tenías seis años te pidieron que pasaras a recitar un poema frente a la clase y tu profesor se rió, o algunos compañeros se burlaron de ti, lo cual, como es de esperarse, te hizo sentir mal y desde ese momento dejaste de declamar frente a otras personas o de hablar en público, para evitar pasar por más vergüenzas frente a tus compañeros de clase y para evadir las críticas de los otros.

Después de muchos años de permitir que esta vaca creciera y engordara en el establo de tu mente, llegaste a aceptar que hablar en público no era una de tus aptitudes, que simplemente no tenías el talento para hacerlo. Y escuchar que no eres la única persona afligida por este mal, te da la tranquilidad de saber que no estás sola.

Hoy, con 40 años de edad, cuando alguien te pide que realices una breve presentación en tu trabajo o que hables cinco minutos del proyecto en el cual estás trabajando, respondes: "Mira, pídeme que realice todo el trabajo, si deseas lo escribo y lo imprimo, o si quieres me encargo de toda la investigación necesaria, pero no me pidas que me pare frente a toda esa gente (que son seis personas) y hable, así sólo sean cinco minutos, porque en ese campo mis habilidades son *cero*".

Es posible que lleves más de 30 años sin intentar hacerlo, pero asumes que tus aptitudes para esto son las mismas que cuando tenías seis años, lo cual es absurdo, por supuesto. Así permitimos muchas veces que una vaca que se encuentra en nuestra mente desde hace muchos años y que hoy posiblemente ha perdido toda validez, nos diga qué podemos hacer y qué no.

Lo que quiero que entiendas es que muchas de las limitaciones –vacas– que cargas actualmente no son físicas ni tienen que ver con tu capacidad mental, tus dotes o tu talento, sino con creencias limitantes que, en su mayor parte, son ideas erróneas acerca de tu verdadero potencial y de lo que te es o no posible.

Recuerda que toda idea errada que mantengamos en nuestro subconsciente por largo tiempo y que validemos con nuestras acciones funciona como una forma de autohipnosis.

Esto es precisamente lo que le impide a muchas personas triunfar. A través de esta forma de autohipnosis han archivado en su mente toda una serie de falsas creencias e ideas que, quizás en algún momento fueron válidas, pero que ya no lo son. Sin embargo, puesto que aún no han sido borradas, continúan ejerciendo su efecto limitante desde lo más profundo de su mente subconsciente.

CAPÍTULO CINCO

Cuando nuestras vacas han sido regalos de otras personas

Toda mi vida he estado rodeado de personas que han buscado influir en mis decisiones personales. En principio uno entiende que ellas desean lo mejor para uno. El problema es que sus consejos se convierten en reproches, sus reproches en críticas y sus críticas en vacas que no te dejan salir adelante.

En ocasiones la situación llega al punto que literalmente debes alejarte de estas personas. Por esta razón decidí mudarme a otra ciudad. Suena un tanto drástico, pero llega un momento en que tienes que decidir si vas a escuchar a los demás o vas a aceptar 100% de la responsabilidad por tu vida. Mis amigos piensan que estoy loco, pero ya estoy empezando a ver los cambios positivos que vinieron como resultado de esta decisión.

—Enrique Esparza, Estados Unidos

*C*uriosamente, muchas de las vacas que nos atan a una vida mediocre nos fueron obsequiadas por otros. Muchos de nosotros con frecuencia somos víctimas de las influencias negativas de otras personas; aceptamos su programación negativa –vaca— sin cuestionamientos. Al hacer esto, permitimos que siembren en nuestra mente falsas creencias que nos limitan física, emocional e intelectualmente.

Estas ideas, que han sido programadas por nuestros padres, profesores, familiares, amigos e, inclusive, por perfectos desconocidos, terminan por hacernos creer que somos personas comunes y corrientes. Y por ello hoy nos resulta difícil creer que poseemos el potencial necesario para triunfar y alcanzar grandes metas.

Es como si los fracasos del pasado hubiesen cerrado para siempre las puertas de la oportunidad a los éxitos futuros. Sin embargo, ten presente que el futuro no tiene que ser igual al pasado, ya que siempre podemos cambiar, aprender y crecer. Tristemente, cuando la mayoría de nosotros nos graduamos de la escuela secundaria, ya hemos sido programados casi totalmente para la mediocridad. Sé que suena duro, pero es cierto.

Es más, en su libro *Aprendizaje acelerado para el siglo XXI*, Colin Rose y Malcolm J. Nicholl presentaron los resultados de un estudio que mostró que más de 82% de los niños que entran a la escuela entre los cinco y los seis años de edad tiene una gran confianza en su habilidad para aprender. Sin embargo, a los 16 años el porcentaje que aún muestra esta confianza en sus propias habilidades se ha reducido a tan sólo 18%. Es inconcebible que durante nuestros años de formación escolar, cuando debemos desarrollar nuestro potencial al máximo, adquiramos en cambio tantas limitaciones y falsas creencias acerca de nuestras propias habilidades. Lo peor de todo es que de ahí en adelante nos acompaña una tendencia casi inalterable a aceptar la mediocridad en todas las áreas de nuestra vida.

Expresiones como:

- Tengo una relación de pareja infeliz, pero yo creo que así deben ser todos los matrimonios.

- Quisiera empezar una nueva carrera, pero ya estoy demasiado viejo para cambiar. Además, jamás hice otra cosa.

- Odio mi profesión, pero debo estar agradecido que por lo menos tengo trabajo.

- Tengo un pésimo estado físico, pero según escucho en los medios así está la mayoría de las personas.

Todas estas expresiones denotan una aceptación de la mediocridad como alternativa viable. Terminamos por aceptar matrimonios que andan bien en lugar de buscar una relación de pareja extraordinaria, ya que desde pequeños hemos aprendido que los matrimonios extraordinarios no existen, son casi imposibles o, si se dan, otra cosa seguramente andará mal. Y así, muchas parejas viven durante años y hasta por décadas, matrimonios mediocres porque no creen que puedan hacer algo para cambiar la situación.

Si desde temprana edad escuchaste en casa que querer ganar mucho dinero era señal de codicia y producía infelicidad y que lo más prudente era contentarse con lo poco que uno tenía, porque es mejor tener poco y ser feliz que querer tener mucho y ser infeliz, pues no te sorprenda que hoy tengas tan poco.

La repetición constante de expresiones como éstas, pronto las convierte en programas mentales que dirigen nuestra manera de pensar y actuar. Con el tiempo, estas acciones se convierten en hábitos que poco a poco moldean nuestro destino. ¿Vas a permitir tú que sean estas vacas las que labren tu destino? Recuerda el hermoso poema de Amado Nervo que dice:

...Porque veo al final de mi rudo camino
que yo fui el arquitecto de mi propio destino;
que si extraje la miel o la hiel de las cosas
fue porque en ellas puse hiel o mieles sabrosas:
cuando planté rosales, coseché siempre rosas...

Capítulo Seis

Cómo deshacernos de nuestras vacas

Después de leer La Vaca, comencé
un proceso de reflexión. Soy profesor y estoy
casado desde hace 30 años, tengo tres hijos
exitosos. Una hija de 29 años, ingeniera
química; un hijo de 27 años, oficial de la
Fuerza Aérea y un hijo de 15 años que acaba
de terminar su educación secundaria.
Sin embargo, me he dado cuenta que me he
preocupado más por mis alumnos que por mi
familia. Mi vaca fue creer que les había dado
lo necesario, en la medida en que ha sido
posible, pero olvidé la parte más importante,
la parte afectiva, la parte espiritual, darles
el tiempo necesario para escucharlos. Esta
lectura me ha enseñado que nunca es tarde
para empezar. No sé qué tanto vaya a vivir,
pero el tiempo que me quede lo voy a vivir
bien, con mi familia y conmigo mismo, ya
que si primero no me ayudo yo, ¿cómo
podré ayudar a los demás?.

—Ernesto Garineto, México

*E*mpecemos por entender que las vacas no existen en la realidad y que sólo están en nuestra mente. En otras palabras, las vacas no son personas, circunstancias reales ni limitaciones físicas sino ideas que albergas en tu cerebro. Frecuentemente me refiero a un ejemplo que da una clara muestra de esto.

Por muchos años el récord en la carrera de la milla (aproximadamente 1.5 kilómetros) no bajó de los cuatro minutos. En 1903, el director de los juegos olímpicos había profetizado: "el récord de la milla es de 4 minutos, 12.75 segundos, un tiempo que tal vez nunca será superado". Por otro lado, los atletas escuchaban de los médicos y científicos que era físicamente imposible para un ser humano pretender correr una milla en menos de cuatro minutos. Así que por casi 60 años los mejores atletas llegaron muy cerca de esta marca, pero nunca lograron superarla. ¿Por qué? Porque era imposible, los médicos habían dicho que era imposible, los científicos habían concluido que el cuerpo no soportaría tal esfuerzo y que el corazón literalmente podría explotar.

Todo cambio el día en que el joven corredor británico Roger Bannister corrió la milla en menos de cuatro minutos y sobrevivió. El mito se había roto —una vaca acababa de morir—. Cuando esta noticia le dio la vuelta al mundo algo sorprendente sucedió: antes de cuatro meses después de que Bannister realizara esta asombrosa hazaña, seis personas más ya habían corrido la milla en menos de cuatro minutos. Es más, en una misma carrera tres corredores llegaron con registros por debajo de los cuatro minutos. Y esto no ocurrió porque de repente el ser humano se hubiese convertido en un ser más rápido, sino porque entendió que no se trataba de una imposibilidad física sino una barrera mental. Lo único que hicieron estos atletas fue desalojar de su mente las creencias limitantes –vacas— que los habían detenido para utilizar su verdadero potencial durante más de cinco décadas.

Tú puedes hacer lo mismo. Lo único que necesitas es identificar las falsas creencias que han venido limitando tu vida hasta ahora y reemplazarlas por ideas que te fortalezcan, que te permitan utilizar el poder que ya reside dentro de ti y que sólo espera ser utilizado para ayudarte a alcanzar tus metas más ambiciosas.

Las vacas tampoco son personas. Si tú crees que tu vaca es tu esposo(a) o tu padre o alguien más, estás equivocado. Tu vaca no es esa persona, tu vaca es una idea o un concepto errado que involucra a esa persona.

Digo esto, porque en una conferencia, una señora se me acercó y me dijo: "Doctor Cruz, acabo de confirmar mis sospechas, ¡mi vaca es mi esposo!" Yo le pregunté el porqué de tal afirmación. Ella me respondió: "Yo no he podido hacer nada con mi vida, porque mi esposo no me apoya".

Le respondí: Tu vaca no es tu esposo, tu vaca es creer que sin el apoyo de tu esposo no serás capaz de hacer algo con tu vida, lo cual es absurdo.

¿Ves la enorme diferencia? Para esta señora, su vaca justificadora no sólo le provee con una excelente excusa para no hacer nada, sino que la sitúa en el papel de víctima, como mencionábamos anteriormente. Digo que es una vaca, porque si lo que decidas hacer con tu vida, depende de que cuentes o no con el apoyo de otras personas, pues vas a lograr muy poco. Tu éxito no puede depender de que otras personas decidan apoyarte, que aprueben las decisiones que has tomado o que estén entusiasmadas con el camino que has elegido seguir. La única persona que puede y debe estar entusiasmada con tus metas y decisiones eres tú.

Así que es importante entender que las vacas sólo existen en la mente. De manera que cuando hablo de matar la vaca, me refiero a eliminar una excusa, cambiar un hábito, modificar un patrón de pensamiento o establecer un nuevo comportamiento en nuestra vida. En otras palabras, cambiar nuestra manera de pensar y actuar, y no tratar de cambiar la manera de pensar y actuar de otras personas. Es más, una de las peores vacas que puedes tener es creer que a menos que otros cambien tú no podrás triunfar. Recuerda, la única persona a la que puedes cambiar es a ti.

¿Cómo podemos deshacernos de nuestras vacas? Es simple, lo único que necesitamos hacer es despertar a la realidad de que quizás los programas y creencias que han guiado nuestras acciones y expectativas hasta ahora no han sido los correctos. Debemos ser conscientes de que es posible que hayamos sido programados para aceptar la mediocridad. Es preciso tomar la decisión de no continuar viviendo una vida de negación, pretendiendo que todo está bien, e identificar aquellas vacas que nos están deteniendo en nuestro camino al éxito.

El siguiente paso es entender que, a pesar de haber sido programados para la mediocridad, hemos sido creados para la grandeza; y aun cuando somos personas comunes y corrientes podemos lograr cosas extraordinarias. Sólo es necesario abrir nuestra mente a la posibilidad de cambiar y crecer. Es entender que nuestro futuro no tiene por qué ser igual a nuestro pasado y que es posible cambiar y construir así un nuevo futuro ¡libre de vacas!

A continuación quiero presentarte cinco pasos que puedes utilizar para matar tus vacas:

1. Identifica tu vaca. Toma el tiempo necesario para identificar tus vacas. Haz una pausa en el agitado camino de la vida para realizar este proceso de autoevaluación. No esperes que tus vacas te salten al frente, demandando ser sacrificadas.

Este primer paso es uno de los más difíciles, ya que a nadie le gusta aceptar que tiene vacas. ¿Te has dado cuenta cómo las vacas de otros son excusas absurdas que vergonzosamente buscan justificar lo injustificable, mientras que las vacas nuestras son hechos reales que ilustran lo injusto de una situación en la que nosotros somos las víctimas?

Anteriormente decía que las vacas sólo existen en el pensamiento. No obstante, suelen manifestarse en nuestros comportamientos y en nuestros hábitos. Así que este primer paso requiere que tomes un pedazo de papel y durante la siguiente semana tengas tus antenas puestas para detectar la aparición de cualquier vaca en tu diario vivir. Recuerda que las vacas siempre vendrán disfrazadas de excusas, justificaciones, pretextos, mentiras, disculpas, evasivas, escapatorias, falsas creencias, limitaciones y miedos.

Puedes utilizar la lista del capítulo tres para aprender a identificar tus vacas. Tómate una semana o más, porque muchas vacas las tenemos pero no somos conscientes de ellas y si tratas de sentarte a identificarlas de un solo tirón, se te van a escapar muchas de ellas. Aunque en ocasiones sea difícil describir a tus vacas, siempre las reconocerás cuando las veas.

Por ejemplo, cuando le pregunto a cualquier persona si sufre de "excusitis", generalmente me dice que no. Sin embargo, si les pido que durante día cuenten conscientemente las veces que dieron una excusa por algo, regresan sorprendidas de la cantidad de excusas que utilizan durante todo el día y a todo momento. Así que toma el tiempo suficiente en este primer paso.

2. **Determina las creencias que esta vaca representa.** Examina tu lista y analiza qué creencias limitantes o paradigmas errados yacen bajo estas excusas. Pregúntate por qué se encuentran en tu lista. ¿Quién las puso allí? ¿Dónde las aprendiste? Además, piensa si estas razones son reales o no, si tienes sentido o son irracionales.

Como ya lo mencionara, muchas de nuestras vacas las adquirimos durante nuestros años de formación escolar, durante la niñez y la adolescencia, y las hemos cargado por tanto tiempo que las aceptamos como verdades incuestionables. Sin embargo, ya sea que las hayamos adquirido voluntariamente o hayamos permitido que alguien más nos las obsequiara, toda vaca oculta una idea que creemos cierta.

Por ejemplo, la persona que a toda nueva iniciativa o propuesta responde "no tengo tiempo", puede en realidad estar ocultando un problema aún mayor. Esta excusa puede ser simplemente una manera fácil de ocultar su miedo al fracaso o su inseguridad sobre sus propias habilidades para llevar a cabo dicha iniciativa. En tal caso, la verdadera vaca no es la falta de tiempo sino el miedo al fracaso o su propia inseguridad.

Así que busca las verdaderas raíces de tus vacas. Y si encuentras que cierta excusa, justificación o generalización que utilizas frecuentemente no representa una creencia real en tu vida, elimínala inmediatamente de tu vocabulario. Es increíble, pero con este segundo paso podrás deshacerte de la mitad de las vacas que hoy pueden encontrarse en tu mente.

3. **Haz una lista de todas las cosas negativas que la presencia de estas vacas te representan.** Muchas veces cargamos con ciertas vacas, porque no somos conscientes de todo lo negativo que representan en nuestra vida. Sabemos que son vacas, pero no creemos que nos estén haciendo mucho daño. Pero lo cierto es que toda vaca nos limita. Así que para cada vaca que identificaste anterior-

mente quiero que escribas frente a ella todo lo que te ha costado mantenerla.

Escribe todas las oportunidades perdidas; identifica los fracasos que han sido el resultado directo de conservar estas vacas; detalla todos los temores irracionales que experimentas de manera cotidiana como resultado de esa vaca que has cargado por décadas.

Si no das este paso, es posible que no sientas la necesidad imperiosa de deshacerte de tus vacas. Recuerda que, como ya lo he mencionado en otros de mis libros, quizás las dos fuerzas de mayor motivación en nuestra vida son *el deseo de triunfar* y *el temor al fracaso*. Nuestra vida está guiada, en parte por lo que más queremos, y en parte, por lo que más tememos. Y siempre buscaremos hacer aquellas cosas que nos produzcan placer y evitaremos hacer aquellas cosas que nos provoquen dolor.

Nuestra mente hará más por evitar dolor que por experimentar placer. Entonces, a menos que sientas el dolor de estas oportunidades perdidas, no sentirás la necesidad de abandonar tu conformismo y matar a tu vaca o a tus vacas.

Una vez que hagas la lista de todo el mal ocasionado por la presencia de estas vacas, quiero que la leas una y otra vez; quiero que sientas el dolor

de saber que la elección por esta vida de mediocridad ha sido sólo tuya. Interioriza este dolor, sién-
telo en la boca del estómago y entiende que lo
puedes disfrazar e inclusive ignorar por algún tiempo, pero que mientras no mates tus vacas siempre
estarán ahí. Imagínate cargar con este dolor por el
resto de tu vida, ¿tiene sentido? ¿Estás dispuesto a
pagar este precio? Si quieres deshacerte de este
dolor, simplemente toma la decisión de deshacerte de tus vacas.

4. **Ahora, haz una lista de todos los resultados
   positivos que vendrán como consecuencia de
   matar a tu vaca.** Quiero que por un momento te
   des la oportunidad de visualizar una vida libre de
   vacas. Escribe todas las nuevas oportunidades que
   vendrán como resultado de matar a tu vaca o a tus
   vacas. ¿Qué nuevas aptitudes podrás desarrollar?
   ¿Qué nuevas aventuras te permitirás vivir? ¿Qué
   nuevos sueños te atreverás a soñar y perseguir
   como resultado de no contar ya más con todas esas
   vacas que te mantenían atado a una vida de mediocridad?

Escribe todo esto porque lo vas a necesitar. Matar
a tus vacas no es tan fácil como parece. Deshacerte de una vaca exige disciplina, dedicación y cons-
tancia. Algunas ocasiones te sentirás frustrado, porque caerás nuevamente en los mismos viejos hábitos y deberás levantarte y empezar de nuevo. Esta

lista que te pido que hagas en este cuarto paso, te
servirá de inspiración cuando te sientas desfalle-
cer. Léela siempre que desees ver cuál es el pre-
mio por deshacerte de estas vacas, así que cárgala
contigo a todo instante.

5. **Define nuevos patrones de comportamiento.**
Muchas personas matan a su vaca y se quedan con
el cuero; mantienen vivo el recuerdo del animal.
Debes tener cuidado ya que como las vacas sólo
existen en el pensamiento, es posible que estos re-
cuerdos se regeneren y engendren nuevas vacas.
¿Qué puedes hacer? Crea un nuevo patrón de comportamiento que te permita lidiar con estas vacas
recurrentes en caso que alguna de ellas vuelva a
dar señales de vida y mantente alerta para que no
suceda nunca más.

Frente a cada una de tus vacas escribe las acciones específicas que piensas llevar a cabo para deshacerte de ellas y también escribe cómo vas a responder en caso de que esta vaca volviera a nacer.
Por ejemplo, si tu vaca ha sido la excusa: *Yo no
sirvo para eso porque ya estoy muy viejo*, de ahora en adelante, cada vez que te sorprendas pensando o diciendo esto quiero que interrumpas dicho pensamiento inmediatamente, y quiero que
digas algo así como: *sé que puedo ser muy bueno
para esto. Utilizaré mi experiencia y mis años para
dominarlo en poco tiempo.* Si haces esto con to-

das tus vacas te darás cuenta que en poco tiempo habrás eliminado a la mayoría de ellas o, en el mejor de los casos, a todas.

Capítulo Siete
Una vida libre de vacas

*Todo lo que he logrado en mi vida se lo debo
a la actitud de matar pronto todas las vacas
que pretendían detenerme. Soy originalmente
de Argentina; cuando llegué a la ciudad,
de una provincia, escuché que "vivir en
Buenos Aires no es tan fácil como vivir
en un pueblo", "conseguir trabajo es muy
difícil", "es casi imposible estudiar y
trabajar" y una tras otra maté todas estas
vacas. Luego decidí salir del país y tuve
que lidiar con todas las vacas de ser
inmigrante y perder casi todo lo que
tenía, pero lo logré. Hoy soy la madre de
dos hijas exitosas y he logrado nuevamente
éxito con mi propia empresa. Me siento
muy identificada con el libro y sé que
el matar vacas nunca termina.*

—Adriana Matilde, Panamá

*C*uando matas tus vacas aceptas la total responsabilidad por tu éxito. Te conviertes en el arquitecto de tu propio destino.

Querer triunfar, tener buenas intenciones y contar con grandes sueños no te conducirá al éxito por sí solo. Por cada gran idea que cambió la historia de la humanidad, hubo antes miles de ideas que nunca se materializaron, porque aquellos que las concibieron y quizás desarrollaron un plan para lograrlas, nunca lo pusieron en práctica. Esa fue su vaca: la falta de acción.

Así que echa a rodar tus planes. No te detengas a pensar en todos los problemas que puedan surgir. Muchas personas planean y ensayan su fracaso al malgastar una gran cantidad de tiempo anticipando lo peor. Los grandes triunfadores aceptan los riesgos que generalmente acompañan la búsqueda del éxito. Esa valentía, ese arranque, ese entendimiento de que todo gran sueño demanda acción inmediata, es lo que diferencia al ganador del perdedor.

En el juego de la vida o eres jugador o eres espectador. Los triunfadores son más que simples participantes, ellos están totalmente comprometidos con sus objetivos. Ellos no buscan excusas porque saben que sus amigos no las necesitan y sus enemigos, de todas maneras, no las creerán. Cualquiera que sea tu vaca, sólo existe una manera de matarla: la acción.

No permitas que la vida pase de largo, libérate de tus vacas y cuídate de no engrosar las filas de aquellos que, en las postrimerías de su existencia, sólo podrán recordar con remordimiento y tristeza todas las oportunidades perdidas.

Encara todo nuevo reto; desafía las normas convencionales; rompe las reglas del juego. Las preocupaciones, los temores, los miedos y las dudas, no son más que vacas que tratan de robarte tus sueños y mantenerte atado a una vida mediocre. Recuerda que el enemigo del éxito no es el fracaso sino el conformismo.

En mi libro *Los genios no nacen, se hacen*, citaba algo que William James, considerado el padre de la sicología en Estados Unidos, decía, seguramente refiriéndose a las vacas. "Casi todos los seres humanos sienten como si una nube pesara sobre nosotros, manteniéndonos siempre por debajo de nuestro nivel óptimo en cuanto a nuestra claridad de pensamiento o la firmeza en el momento de tomar decisiones." James anotaba que, comparado con lo que podríamos ser, es como si sólo estuviésemos medio despiertos. Que lo que podemos alcanzar es extraordinario, sin embargo, lo que generalmente obtenemos es penoso. Y no es porque haya algo malo con nuestra mente, sino porque hemos permitido que las limitaciones, las falsas creencias y otro sinnúmero de vacas tomen posesión de nuestro verdadero potencial.

Así que te invito a que aceptes el reto de vivir una vida libre de vacas, una vida donde todo sueño es posible y los únicos límites son aquellos que tú mismo impones. Una vez hayas exterminado tus vacas, si deseas compartir con otros lectores como has lidiado con ellas, o si quieres realizar una autoevaluación personalizada, vía Internet, para descubrir tus vacas, te invito a que visites nuestro sitio www.elexito.com.

Epílogo
Vacas a la carta

$\mathcal{A}$ lo largo de todo el libro he compartido algunas de las más de 10.000 historias que recibimos de personas que finalmente eliminaron a sus vacas. Ellas quisieron que su experiencia personal le sirviera de ejemplo a otros y accedieron a que éstas fueran publicadas con sus nombres reales y países de origen. No obstante, muchas otras personas prefirieron guardar el anonimato, pero igualmente deseaban que su decisión de matar a sus vacas sirviera de inspiración a otras personas. Por eso he querido terminar este libro compartiendo diez vacas más, enviadas por latinoamericanos residentes en distintas partes del mundo; vacas que perecieron como resultado de la lectura de esta metáfora.

Espero que éstas te motiven a desechar a tus propias vacas y vivir una vida libre de limitaciones. Si deseas compartir tu propia historia de éxito visita nuestra página de Internet: www.elexito.com.

Vaca mexicana:
Yo cargaba con la terrible vaca del "no me merezco tener nada". Una vaca que había heredado de mi madre. "Mi madre nació pobre, vivió pobre y siempre será

pobre. Mi padre, por el contrario, nació pobre, pero se superó muchísimo, lo cual, como era de esperarse, siempre creó muchos conflictos entre mis padres. Mis hermanos y yo crecimos pensando que lo mejor era no aspirar a tener mucho". Este año, después de matar la vaca de la pobreza, compré un automóvil, obtuve un crédito para la compra de una casa nueva y estoy considerando iniciar un negocio. "Me aterra pensar que esta vaca me pudo haber mantenido atada a la pobreza toda mi vida".

Vaca española:
Por alguna razón, siempre creí que el destino era algo que le sucedía a uno y sobre lo cual no tenía ningún control. Después de leer *La Vaca* he comprendido que soy el dueño de mi destino, que tengo capacidad de elegir en cualquier momento. Esto me ha permitido ser más tolerante en mis relaciones personales, disfrutar mi presente a plenitud y encarar el futuro con una visión más optimista.

Vaca estadounidense:
Mi vaca era mi "buena posición laboral". Un trabajo que podía ser envidiado por cualquiera. Lo curioso era que ya no sentía entusiasmo por mi trabajo, pero durante un largo año cargué con las siguientes vacas: "Pero, si éste es el mejor trabajo", "que más puedo querer", "aquí está mi futuro". Pero nada de esto me llenaba y cada vez me sentía más vacía interiormente. Un buen día, cansada de cargar con estas vacas, decidí

renunciar a mi empleo y empezar mis estudios de postgrado en Estados Unidos, algo que siempre había soñado hacer. Hoy, estoy aprendiendo inglés y tengo frente a mí un futuro lleno de posibilidades y, por supuesto, me ocupo de continuar matando las demás vacas que van apareciendo en el camino. Lo más importante es haber tenido el valor de renunciar a un trabajo mediocre y aceptar su nuevo reto sin temores ni dudas.

Vaca japonesa:

Soy extranjera viviendo en un país extraño para mí. Uno de mis mayores obstáculos ha sido el no haber dominado todavía el idioma. Algunas personas a mi alrededor me decían que ya era tarde para aprenderlo y que, dada esta limitante, lo mejor era trabajar en lo que fuese para sobrevivir. Después de leer el libro me doy cuenta que yo acepté esta vaca por no llevarle la contraria a mis mayores y por evitar problemas con mi familia. Esta historia es una joya que me ha ayudado a reflexionar mucho acerca de cómo sacar a relucir la persona que en verdad soy.

Vaca puertorriqueña:

Curiosamente mi vaca -el alcoholismo de mi padre- no era en realidad mía. Podríamos decir que era una vaca adoptada. Sin embargo, este vicio de mi padre me había hecho crecer con muchos complejos. "Siempre le eché la culpa a él por mis fracasos". Afortunadamente me di cuenta a tiempo que el único responsable por mi vida era yo. Decidí asumir esa responsabilidad, dejar de buscar culpables por mis caídas y salir a perseguir mis metas.

Vaca mexicana:

La vaca que más me estorbaba era la idea de que sólo con el apoyo incondicional de mi familia y mi esposa podría salir de mi mediocridad. Necesitaba desesperadamente una palabra de aliento de mi familia que me confirmara que ellos creían en mí. Sin embargo, parecía que lo único que siempre encontraba era su desaprobación, así que optaba por no hacer nada, culpándolos a ellos por mi inactividad –¡qué vaca!—. Hoy, he decidido dejarme guiar por mi intuición, aceptar la responsabilidad por mis acciones y poner oídos sordos a todo comentario negativo. Curiosamente, ahora que ya no lo busco, he comenzado a recibir el apoyo de estas mismas personas.

Vaca ecuatoriana:

Yo era de las personas que solía decir: "Fumar no me hace adicta, yo este mal hábito lo dejo cuando quiera, lo que pasa es que no he tomado la decisión de dejarlo, eso es todo." Esa era mi vaca. Pero no era así. La verdad es que todos los días encontraba una excusa para no hacerlo. Después de leer este libro entendí que la vaca del autoengaño me estaba proveyendo con la falsa idea de que yo tenía el control. Afortunadamente, encontré la fuerza necesaria para dejar esta adicción y ya llevo un par de meses sin fumar.

Vaca venezolana:

La vaca de la falta de tiempo, es sin lugar a dudas, una de las más comunes. Yo encontraba que siempre que debía hacer algo importante y no lo hacía, afirmaba que era por falta de tiempo. Esta vaca me robó un gran número de oportunidades que le pasaron de largo. Maté a mi vaca aprendiendo a planear y programar bien el día. De esta manera realizo todo aquello que deseo y necesito hacer. Como resultado de esta decisión, hoy gozo de la paz interior y la tranquilidad de saber que he llevado a cabo aquellas actividades prioritarias en mi vida.

Vaca chilena:

A lo mejor mi vaca puede no parecer muy trascendental, pero es un ejemplo de cómo muchas veces asumimos ideas erradas sobre lo que podemos o no hacer. Mi vaca era: "Soy malo para bailar." Sin embargo, un día decidí descubrir qué tan cierta era esta aseveración. Sin pensarlo demasiado me inscribí en una clase de baile, y una vez que desarrollé cierta confianza, logré aprender a bailar bastante bien.

Vaca colombiana:

Mi vaca era bien específica: "Yo no sirvo para las ventas! Soy ingeniera; eso fue lo que estudié y es en lo que siempre me he desempeñado." Esta vaca no había sido mayor problema en mi vida hasta que no se presentó una excelente oportunidad en el departamento de ventas de la empresa donde trabajaba. Sin embargo, hablé con el gerente de la empresa y le dejé saber que estaba dispuesta a aprender lo que fuera necesario. Y a pesar de mi inexperiencia en el área comercial, acepté el reto de esta nueva posición. Hoy, no sólo he descubierto que soy excelente para las ventas, sino que creo que encontré mi verdadera vocación.

Es tu turno de escribir tu propia historia de éxito. Acepta este reto de vivir una vida libre de vacas y te aseguro que muy pronto tú y yo nos veremos en la cumbre del éxito.

FIN

Acerca del autor

Camilo Cruz obtuvo un doctorado en fisicoquímica la universidad de Seton Hall, y se desempeñó como catedrático en varias universidades de Estados Unidos, donde enseñó, entre otras materias, física cuántica, termodinámica, química y matemáticas.

Es considerado como uno de los escritores y conferencistas de mayor trascendencia en nuestro continente en el campo del desarrollo personal y profesional. Sus más de 15 libros y audiolibros han sido best sellers en varios países. Es columnista de periódicos y revistas, y ha sido invitado especial a un gran número de programas de radio y televisión donde ha expuesto su filosofía sobre cómo alcanzar el éxito.

El doctor Cruz es fundador de varias empresas, entre las que se destacan elexito.com, la primera comunidad en Internet dedicada al desarrollo del potencial humano y yupi.com, recientemente vendida a Microsoft.

Cada año se dirige a decenas de miles de personas alrededor del mundo, a través de sus seminarios, conferencias y presentaciones personales. Ejecutivos y profesionales de empresas del grupo *Fortune 500* como AT&T, 3M, Coca Cola, Goodyear y Motorola, asisten anualmente a sus seminarios en busca de ideas y estrategias sobre cómo desarrollar ese poder ilimitado que se encuentra en nuestra mente subconsciente.

Ahora que has identificado algunas de tus vacas, te invitamos a que contestes el test: "Eliminando mis vacas", en www.elexito.com/lavaca. Este test te ayudará a identificarlas y te dará ideas que te permitirán eliminarlas y vivir el estilo de vida que siempre has deseado.

Si deseas ordenar copias personalizadas de este libro para tu empresa, por favor comunícate con nosotros a info@elexito.com

Si deseas invitar al Dr. Camilo Cruz para tu próxima convención nacional, eventos privados o abiertos al público, por favor escríbenos a: seminarios@elexito.com

Otras obras del Autor

Existe una enorme diferencia en la manera de pensar de la persona que logra cosechar grandes éxitos y aquella que se limita a subsistir y a responder a sus necesidades inmediatas. Y esta gran diferencia parece centrarse alrededor de su sistema de creencias y su diálogo interno. Todo aquello en lo que concentramos nuestro pensamiento termina por convertirse en nuestra realidad. Cada día y cada minuto de nuestra vida estamos construyendo el futuro con nuestra manera de pensar.

Esta obra es una guía práctica para despertar ese genio que todos llevamos dentro. En sus páginas encontraremos estrategias que nos permitirán cultivar y desarrollar aquellas capacidades mentales necesarias para alcanzar el éxito y la felicidad.

Libros

· Los genios no nacen... ¡SE HACEN! -
· Arquitectura del Éxito
· La parábola del triunfador
· Siete pasos para convertir tus sueños en realidad

Otras obras del Autor

En lo más profundo de la mente humana habitan ciertos poderes adormecidos que el ser humano jamás soñó poseer, poderes que le asombrarían, fuerzas que revolucionarían su vida si despertaran y entraran en acción.

En "El mensaje de los sabios" el doctor Cruz comparte con nosotros cinco estrategias que nos permitirán descubrir cómo utilizar al máximo el poder del pensamiento, información que nos ayudará a convertirnos en los triunfadores que estamos destinados a ser.

Audiolibros
(Disponible en casete o CD)

· Actitud Mental Positiva
· Como crear abundancia en su vida
· Pasos hacia la cumbre del éxito
· La carrera contra el tiempo... y como ganarla
· El Mensaje de los Sabios
· Cómo comunicamos en público con poder, entusiasmo y efectividad
· Poder sin limites en las ventas

Otras obras de la Editorial

La vida de Benjamín Franklin es una historia casi ininterrumpida de innumerables éxitos conseguidos a fuerza de tesón, paciencia, talento y buena disposición. El destino le sonreía constantemente. Hombre alegre e inteligente, lograba cautivar la aristocrática y estirada corte de Versalles, sin perder la sencillez americana. Como bien afirma el doctor Camilo Cruz: ´Su vida fue un testimonio de amor al servicio. Servicio en pos de su éxito personal, servicio a la comunidad, a su país y al mundo entero. Como escritor, dos de las virtudes que más he aprendido a apreciar de este hombre, son su extraordinaria perspicacia y su sentido del humor. Franklin enseñaba utilizando metáforas, fábulas o historias que buscaban hacernos reflexionar sobre lo absurdo o contradictorio de ciertas acciones o situaciones...´

Libros

· Las 21 leyes absolutamente inquebrantables del dinero. Brian Tracy
· Lo que tú deseas... te desea. Debra Jones
· Sanando las heridas del alma. Lic. Rafael Ayala

Otras obras de la Editorial

En METAS, Zig Ziglar te mostrará claramente cómo alcanzar lo que más desean las personas en su vida: felicidad, prosperidad y éxito. Este programa te enseñará cómo fijar metas claras y desarrollar un plan de trabajo para alcanzarlas. Escucha numerosas historias de personas de éxito, cuyos logros fueron el resultado de los principios que encontrarás en este audiolibro.

Audiolibros

- 21 secretos sobre cómo los millonarios crearon sus fortunas. Brian Tracy
- 7 Claves para tener un matrimonio feliz. Lic Rafael Ayala
- Las siete "D" para triunfar. Lic. Rafael Ayala
- Lo que todo padre desea para sus hijos, lo que todo hijo necesita de sus padres. Wayne Dyer
- Por el amor de nuestros hijos. Wayne Dyer
- Metas. Zig Ziglar